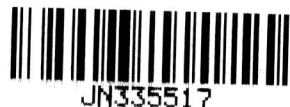

ケンポーじいさん、ながいきしてね。

おや、そこにいるのは、お向かいのイタズラ坊主かな？

隠れてないで出ておいで。

なんだい、泣きべそなんかかいて。

おまけに顔中泥だらけのキズだらけじゃないか。

なに？ケンカした？

ずいぶん、派手にやったもんだねぇ。

え？なんだい？オレが悪いんじゃないって？

あっちから手を出してきたって？

Isn't that my dear neighbour boy?

What are you doing? Hiding there?

Look at your face, it's covered with tears and mud.

You've got cuts all over your body.

I see, you were in a fight. You fought badly.

What? You didn't started it but they did?

そうかそうか、ま、つったってないでこっちへおいで。

ほら、ここにおすわり。麦茶、飲むかい？

こらこら、そんなに慌てて飲んだらむせるぞ・・・

あ、ほら、いわんこっちゃない。

ま、ちょっとばかり、じいさんの話をお聞きよ。

おいぼれのたわ言と軽くあしらわずに、ちゃんと聞くんじゃよ。

いやいや、べつにお説教をするわけじゃないから、楽にして聞いとくれ。

Well, well, why don't you come beside me.
Sit here and have a cup of tea.
Oh, don't drink so fast, take it slowly, you'll choke yourself.
Oh dear dear, See what I mean?
Well, listen to this old man for a little while.
Don't think it's all nonsense because I am old.
No, no, I am not trying to lecture you, just sit back and relax.

わしもなぁ、昔はよくケンカをしたもんじゃよ。

腕っぷしにはずいぶん自信があったもんじゃから、

ことあるごとにケンカをふっかけてはまわりに迷惑ばかりかけてなぁ。

そりゃ、こっちもいろんな言い分はあったんじゃがね。

なによりもケンカが強いことが、正しいような気がしてたんじゃな。

ケンカはな、どっちが悪いとかそういうもんじゃない。

ケンカして勝ったほうが正しいってことになる、

そんな風に思っとったんじゃよ。

まあ、坊主には、ちとむずかしい話かもしれんな。

Just like yourself, I used to get in to fights many many times.

I used to think I was strong.

I took every chance to pick a fight and I was a pain in a neck to all other people, I guess.

Well, of course I believed I was doing it for a reason.

I felt being strong was a good thing.

It didn't matter what the cause was, because the winner had the justice.

That's what I used to believe.

Well, I guess it might be a bit diffcult for you to understand little one.

そんなこんなで、一度ひどいケンカをしてな。

そりゃ、もう、ひどいなんてもんじゃない。

今思い出しても、こうして生きているのが不思議なくらいじゃよ。

あっちはじいさんなんかよりも、ずっと大男でな。

もうデカいのなんの。腕っぷしも強いなんてもんじゃない。

まともに取っ組み合いをしてもムダなことはハナっから分かってたんじゃ・・・

それでも、あの手この手でくってかかってな。

相手もずいぶん困ったろうよ。なんせ、こんな小男がムキになって

かかってくるんじゃから。

Well then, because I was bigheaded like that I got involved in a terrible fight once.

It was so bad that it makes me wonder how I managed to survive.

My opponent was so big.

Not just very big, but he was strong, too

I knew I wasn't strong enough to beat him from the beginning.

So I used whole bag of tricks to get him down.

I guess he thought that I was a real nuisance.

A little man like me constantly pestering him.

一度はじめてしまったケンカなもんだから引くに引けなくなってしまってな。

負けるもんかぁと思って、しばらく死ぬ気でがんばってはみたんじゃがね、

最後に大きなゲンコツを二発くらってな。

そりゃ、心臓が止まるくらいの、大きな大きなもんじゃった。

いや、もう、それからは立ちあがることもできんかった。

白旗をあげざるをえんかった。

白旗っちゅうのは、負けましたってことじゃよ。

そしてな、死にそうになりながら思ったんじゃ。

涙を流しながら、心から誓ったんじゃよ。

Well, because I'd started, I could not pull back.

I was so stubborn, I did not want to lose and desperately fought back

as if there was no future otherwise.

Because he thought I looked like I'd never give up, he gave me awful strikes, twice.

Those were so bad, so hard, the strikes almost stopped my heart.

I could not continue to fight back any longer.

I had to rise the white flag in surrender. That meant I lost.

The moment I had that brush with death, I pledged myself from the bottom of my heart,

もう二度と、ケンカはしない、と。

Never to fight again.

麦茶のおかわりはいいかい？

ほら、スイカもあるよ。さあ、お食べ。

さて、もうしばらく、じいさんの話を聞いてくれるかい？

Do you want another cup of tea?
Here, have some sweets.
Would you listen to this old man for a little longer?

じいさんには、その時、心にかたく決めたことがあるんじゃ。

こっぴどいケンカをして、まわりの人にたくさん迷惑をかけて、

体中キズだらけになって、心もボロボロになりながら、

大切なことに気づいたんじゃ。

みんなが幸せに生きていくために、

本当に大切なことに気づいたんじゃよ。

そしてな、ケンカした相手、ケンカで迷惑をかけたまわりの人々、

すべての人にこう約束して回ったんじゃよ。

What I have done is done, I even regret what I haven't done.
I fought and caused terrible trouble to others.
In the end, both my body and heart were badly hurt.
But then, I realized a very important thing.
That you can only learn from mistakes.
Something that's really important for everyone to live happily together.
So I apologized to all the people I'd fought,
all the people who'd suffered from what I had done, and promised them that...

すべての人と心穏やかに、平和のためにカをあわせよう。

そのすばらしさを、みんなで分かちあおう。

I would put all my effort into keeping the peace,

go blissfully hand in hand with others and we'd share the happiness together.

誰もが、自由にのびのび生きられるようにしよう。

まわりの迷惑を考えない人々によって引き起こされるケンカに、

ビクビクしながら生きることがないようにしよう。

そう決めたんじゃ。

ん？なんだ当たり前のことだって？

坊主が、そう思えることはとても幸せなことじゃ。

じいさんが生まれた頃は、ちっとも当たり前だなんて思えんかった。

今も、そう思えん人がたくさんいることを忘れちゃいかんよ。

Whoever they are, wherever they live, everyone should live freely.
So, I made a promise to myself that I would never get involved in a fight again.
Well, you think being good to others is just normal?
When I was kid, it wasn't like that.
Oh boy, I am so happy that you can feel it that way.
But don't take it for granted, there are still many who do not think
it is natural to care other people.

人づきあいでまず大切なのは、なんだと思う？

わしゃな、信頼だと思うとる。

So, what do you think the most important thing is,
when you are with others? I think it is “trust”.

お前さんは、

自分のことを大切にしてくれない人と暮らすのは、いやじゃろう？

お前さんの言うことに耳をかさず、

「あれをしろ！これをしろ！」と勝手に命令されたり、

「これをしちゃダメ！あれをしちゃダメ！」と頭ごなしにたしなめられたりしたら、

そりゃ、地獄じゃ。

一緒に生きるには、お互いの意見を聞かにゃいかん。

一緒に守ると決めたルールは、お互いの意に反するものであっちゃいかん。

You don't want to live with people who do not care for you, do you?

Imagine, if you lived among people,

who always order you to "Do this" and "Do that!" or condemned you, saying "Don't do that!"

I guess it would be hell to live with people who do not listen to you. Right?

In order to live together, we must listen to each other.

When we make rules to obey, they should be the ones we are happy to follow.

一緒に得たものは、お互い分かちあわなきゃいかん。

When we get something by cooperation, we must share it together too.

これはな、人が一緒に生きていくためにいちばん大切なことじゃ。

世界中どこに住んでいようと、守らなきゃいかんことなんじゃよ。

それができんヤツは、信頼しちゃいかん。

ゼッタイに、いかんのじゃ。

それができんヤツのいうことなんざ、

これっぽっちも聞く必要はないんじゃよ。

おや、ずいぶんうなずいているね。

わかってくれるのかい？うれしいね。

This is the most important thing for people to live together.
Wherever they are living, they must follow it.
And if you meet someone who can not do that, you can not trust him.
Definitely not!
You do not need to listen to a selfish man.
Oh, you are nodding so much.
You agree with me then? I am glad.

人は、みんな、平和に暮らそうと思うとる。

Everyone wants to live in peace.

お前さんは、毎日、平和に暮らしたいと思うじゃろ?

わしも、もちろん、お前さんのお父さんもお母さんも、そう思うとる。

お前さんの友達も、そのお父さんお母さんも、きっとそう思うとる。

人が、みんな、「人は、みんな、平和に暮らしたいと思うとる」と思うていれば、

そうそう平和を乱すようなことはしないと思わんかい?

You want to live in peace every single day, don't you?
Of course I do and so do your parents, I am sure they do.
So do your friends and their family, I am sure they do.
Imagine, if all the people believed "Everyone wants to live in peace"
from the bottom of their hearts, not many would want to disturb it,
would they?

「平和に暮らしたいと思っている人」は、

わしやお前さんが「平和に暮らしたいと思っている」ことをきっと理解してくれるじゃろう。

わしやお前さんが「平和に暮らしたいと思っている」ことをちゃんと伝えれば、

わしらの平和を乱すようなことは、絶対にしないはずじゃ。

わしは、そう信じておる。

そう信じることで、平和に暮らしていこうと決めたんじゃ。

"People who want to live in peace" Will understand that you and me
also "Want to live in peace".
If you and I tell them "We just want to live in peace" then I'm sure
they will respect our way of living and not disturb us.
That's what I believe.
I made a promise to myself to live in peace by believing so.

そう信じることで、

平和を守ろうとする世界中のすべての人、

人がいやがることを無理矢理させることや

人がしたいことを力ずくでやめさせようとすることを

この世からなくそうと努力している世界中のすべての人から、

尊敬されるような人になろうと思ったんじゃ。

With my belief, I thought I can become the man I wanted to be.
The man respected and welcomed by good people.
Good people who want to protect peace,
who want to support the independence of others and their free will.

もう一度言うから、よくお聞き。

お前さんの人生は、幸せになるようにできている。

お前さんの子供たちも、そのまた子供たちも、そうできている。

I will tell you once again, so please listen well.

You are born to be happy. Your life is there to be good.

Also for your children and their children and so on.

Their lives are there to be filled with smile and cheer.

人は、みんな、幸せに生きるようにできている。

We are born to live happily.

お前さんたちは恐怖におびえながら息をひそめて過ごすことや
ひもじさに耐えきれないような生き方をすることなく、
自由にのびのびと、心穏やかに生きられるようにできている。

It is your right, to live freely.
You do not need to be shaken by fear.
You do not need to talk with bated breath.
You do not live in hunger.
You are born to live with smile.

自分さえよければ、他の人はどうなっても
いいと思うなんざ、もってのほかじゃ。

Don't you ever imagine your happiness
can be built on the unhappiness of others.

自分だけ「心穏やかに、のびのび暮らそう」として、

ほかの人の「心穏やかで、のびのびした暮らし」をないがしろにしちゃ絶対いかん。

誰とつきあうにしても、

お前さんが、「心穏やかに、のびのびと暮らしたい」と思うならば、

「心穏やかに、のびのびと暮らしたい」と思う人々の気持ちを大切にしておくれ。

お前さんだけじゃない、

この気持ちは世界中のすべての人が大切にしなくちゃいけないし、

この気持ちを大切にしていれば、おのずと、

ともに「心穏やかに、のびのび暮らす」ことができるはずなんじゃ。

Don't you ever selfishly think, your freedom and happiness are more
important than other people's freedom and happiness.
Whoever you are with, if you want to keep your freedom and happiness,
you should also help them keep theirs too.
Respect other people just like you respect yourself
and if everyone can really live in that way, everyone can become happy.

じいさんの言うことを理想論だなどと鼻で笑う者もおるが、

そんなことはない。断じて、ない。

わしは、決して叶わないもんじゃないと思うとる。

ただの理想で終わるかどうかは、わしらの行動にかかっておる。

ケンカの痛みもひどさも分かっておるわしらが声を大きくして、

世界中の人々に訴えていかなければいかんのじゃよ。

Some people think I am a dreamer, but I do not think I am.
I think this is not my wishful thinking.
Whether it is to end as a dream or truth is how we act.
We both know how painful and bad it is to fight.
So we can tell other people there is nothing good about being in a fight.
Then we might be able to stop a fight before it starts just with our voices.

「私は、幸せになるために、生きている。」

"I am here to be happy".

誰もが、そう信じることができるように、

わしら大人は、せいいっぱい、がんばらなきゃいかん。

お前さんが大人になったら、

あらんかぎりの力で、がんばらなきゃいかんのじゃ。

This is our job to make the world better place, so that children like
you can believe that is true. Then when you grow up, you do all you have to
keep it safe for your children too. Like we did.

坊主にはちょっとむずかしい話だったかな？

なに、そんなことないって？

そうかそうか、お前さんは、かしこい子だね。

いくら話して聞かせても、分からないフリをする大人も多いもんじゃよ。

お前さんが分かってくれて、じいさんは本当にうれしいよ。

分かったんなら、もうケンカなんてするんじゃないよ。

ケンカをしなくてもいい方法はたくさんあるんだからね。

Well, it might have been a little difficult story for you, I guess.
No? It wasn't? Oh, you are clever boy.
There are some adults who pretend they do not understand what I say
and they do not want to hear me anymore.
So I am so glad you said you understood. If you got it, then don't fight again. OK?
There are many ways to solve problems other than fighting.

なんだい、急にモジモジして。

言いたいことがあるんなら、ハッキリ言ったらどうだい。

なに？耳をかせって？

やれやれ、どんなお願いごとやら・・・

さあ、なんでも言ってごらんよ。

Why you are looking so shy?

If you want to tell me something, do not hesitate.

Get closer to you? OK.

You want me to hear your wish?

Oh what that could be I wonder.

Tell me what you want me to do.

「ケンポージいさん、ながいきしてね。」

" Live long my dear old Kenpo."

日本国憲法

日本国民は、正当に選挙された国会における代表者を通じて行動し、われらとわれらの子孫のために、諸国民との協和による成果と、わが国全土にわたつて自由のもたらす恵沢を確保し、政府の行為によつて再び戦争の惨禍が起ることのないやうにすることを決意し、ここに主権が国民に存することを宣言し、この憲法を確定する。そもそも国政は、国民の厳粛な信託によるものであつて、その権威は国民に由来し、その権力は国民の代表者がこれを行使し、その福利は国民がこれを享受する。これは人類普遍の原理であり、この憲法は、かかる原理に基くものである。われらは、これに反する一切の憲法、法令及び詔勅を排除する。

日本国民は、恒久の平和を念願し、人間相互の関係を支配する崇高な理想を深く自覚するのであつて、平和を愛する諸国民の公正と信義に信頼して、われらの安全と生存を保持しようと決意した。われらは、平和を維持し、専制と隷従、圧迫と偏狭を地上から永遠に除去しようと努めてゐる国際社会において、名誉ある地位を占めたいと思ふ。われらは、全世界の国民が、ひとしく恐怖と欠乏から免かれ、平和のうちに生存する権利を有することを確認する。

われらは、いづれの国家も、自国のことのみに専念して他国を無視してはならないのであつて、政治道徳の法則は、普遍的なものであり、この法則に従ふことは、自国の主権を維持し、他国と対等関係に立たうとする各国の責務であると信ずる。

日本国民は、国家の名誉にかけ、全力をあげてこの崇高な理想と目的を達成することを誓ふ。

第一章 天皇

【天皇の地位と主権在民】
第一条 天皇は、日本国の象徴であり日本国民統合の象徴であつて、この地位は、主権の存する日本国民の総意に基く。

【皇位の世襲】
第二条 皇位は、世襲のものであつて、国会の議決した皇室典範の定めるところにより、これを継承する。

【内閣の助言と承認及び責任】
第三条 天皇の国事に関するすべての行為には、内閣の助言と承認を必要とし、内閣が、その責任を負ふ。

【天皇の権能と権能行使の委任】
第四条 天皇は、この憲法の定める国事に関する行為のみを行ひ、国政に関する権能を有しない。
② 天皇は、法律の定めるところにより、その国事に関する行為を委任することができる。

【摂政】
第五条 皇室典範の定めるところにより摂政を置くときは、摂政は、天皇の名でその国事に関する行為を行ふ。この場合には、前条第一項の規定を準用する。

【天皇の任命行為】
第六条 天皇は、国会の指名に基いて、内閣総理大臣を任命する。
② 天皇は、内閣の指名に基いて、最高裁判所の長たる裁判官を任命する。

【天皇の国事行為】
第七条 天皇は、内閣の助言と承認により、国民のために、左の国事に関する行為を行ふ。
一 憲法改正、法律、政令及び条約を公布すること。
二 国会を召集すること。
三 衆議院を解散すること。
四 国会議員の総選挙の施行を公示すること。
五 国務大臣及び法律の定めるその他の官吏の任免並びに全権委任状及び大使及び公使の信任状を認証すること。
六 大赦、特赦、減刑、刑の執行の免除及び復権を認証すること。
七 栄典を授与すること。
八 批准書及び法律の定めるその他の外交文書を認証すること。
九 外国の大使及び公使を接受すること。
十 儀式を行ふこと。

【財産授受の制限】
第八条 皇室に財産を譲り渡し、又は皇室が、財産を譲り受け、若しくは賜与することは、国会の議決に基かなければならない。

第二章 戦争の放棄

【戦争の放棄と戦力及び交戦権の否認】
第九条 日本国民は、正義と秩序を基調とする国際平和を誠実に希求し、国権の発動たる戦争と、武力による威嚇又は武力の行使は、国際紛争を解決する手段としては、永久にこれを放棄する。
② 前項の目的を達するため、陸海空軍その他の戦力は、これを保持しない。国の交戦権は、これを認めない。

第三章 国民の権利及び義務

【国民たる要件】
第十条 日本国民たる要件は、法律でこれを定める。

【基本的人権】
第十一条 国民は、すべての基本的人権の享有を妨げられない。この憲法が国民に保障する基本的人権は、侵すことのできない永久の権利として、現在及び将来の国民に与へられる。

【自由及び権利の保持義務と公共福祉性】
第十二条 この憲法が国民に保障する自由及び権利は、国民の不断の努力によつて、これを保持しなければならない。又、国民は、これを濫用してはならないのであつて、常に公共の福祉のためにこれを利用する責任を負ふ。

【個人の尊重と公共の福祉】
第十三条 すべて国民は、個人として尊重される。生命、自由及び幸福追求に対する国民の権利については、公共の福祉に反しない限り、立法その他の国政の上で、最大の尊重を必要とする。

【平等原則、貴族制度の否認及び栄典の限界】
第十四条 すべて国民は、法の下に平等であつて、人種、信条、性別、社会的身分又は門地により、政治的、経済的又は社会的関係において、差別されない。
② 華族その他の貴族の制度は、これを認めない。
③ 栄誉、勲章その他の栄典の授与は、いかなる特権も伴はない。栄典の授与は、現にこれを有し、又は将来これを受ける者の一代に限り、その効力を有する。

【公務員の選定罷免権、公務員の本質、普通選挙の保障及び投票秘密の保障】
第十五条 公務員を選定し、及びこれを罷免することは、国民固有の権利である。
② すべて公務員は、全体の奉仕者であつて、一部の奉仕者ではない。
③ 公務員の選挙については、成年者による普通選挙を保障する。
④ すべて選挙における投票の秘密は、これを侵してはならない。選挙人は、その選択に関し公的にも私的にも責任を問はれない。

【請願権】
第十六条 何人も、損害の救済、公務員の罷免、法律、命令又は規則の制定、廃止又は改正その他の事項に関し、平穏に請願する権利を有し、何人も、かかる請願をしたためにいかなる差別待遇も受けない。

【公務員の不法行為による損害の賠償】
第十七条 何人も、公務員の不法行為により、損害を受けたときは、法律の定めるところにより、国又は公共団体に、その賠償を求めることができる。

【奴隷的拘束及び苦役の禁止】
第十八条 何人も、いかなる奴隷的拘束も受けない。又、犯罪に因る処罰の場合を除いては、その意に反する苦役に服させられない。

【思想及び良心の自由】
第十九条 思想及び良心の自由は、これを侵してはならない。

【信教の自由】
第二十条 信教の自由は、何人に対してもこれを保障する。いかなる宗教団体も、国から特権を受け、又は政治上の権力を行使してはならない。
② 何人も、宗教上の行為、祝典、儀式又は行事に参加することを強制されない。
③ 国及びその機関は、宗教教育その他いかなる宗教的活動もしてはならない。

【集会、結社及び表現の自由と通信秘密の保護】

第二十一条 集会、結社及び言論、出版その他一切の表現の自由は、これを保障する。
② 検閲は、これをしてはならない。通信の秘密は、これを侵してはならない。

【居住、移転、職業選択、外国移住及び国籍離脱の自由】

第二十二条 何人も、公共の福祉に反しない限り、居住、移転及び職業選択の自由を有する。
② 何人も、外国に移住し、又は国籍を離脱する自由を侵されない。

【学問の自由】

第二十三条 学問の自由は、これを保障する。

【家族関係における個人の尊厳と両性の平等】

第二十四条 婚姻は、両性の合意のみに基いて成立し、夫婦が同等の権利を有することを基本として、相互の協力により、維持されなければならない。
② 配偶者の選択、財産権、相続、住居の選定、離婚並びに婚姻及び家族に関するその他の事項に関しては、法律は、個人の尊厳と両性の本質的平等に立脚して、制定されなければならない。

【生存権及び国民生活の社会的進歩向上に努める国の義務】

第二十五条 すべて国民は、健康で文化的な最低限度の生活を営む権利を有する。
② 国は、すべての生活部面について、社会福祉、社会保障及び公衆衛生の向上及び増進に努めなければならない。

【教育を受ける権利と受けさせる義務】

第二十六条 すべて国民は、法律の定めるところにより、その能力に応じて、ひとしく教育を受ける権利を有する。
② すべて国民は、法律の定めるところにより、その保護する子女に普通教育を受けさせる義務を負ふ。義務教育は、これを無償とする。

【勤労の権利と義務、勤労条件の基準及び児童酷使の禁止】

第二十七条 すべて国民は、勤労の権利を有し、義務を負ふ。
② 賃金、就業時間、休息その他の勤労条件に関する基準は、法律でこれを定める。
③ 児童は、これを酷使してはならない。

【勤労者の団結権及び団体行動権】

第二十八条 勤労者の団結する権利及び団体交渉その他の団体行動をする権利は、これを保障する。

【財産権】

第二十九条 財産権は、これを侵してはならない。
② 財産権の内容は、公共の福祉に適合するやうに、法律でこれを定める。
③ 私有財産は、正当な補償の下に、これを公共のために用ひることができる。

【納税の義務】

第三十条 国民は、法律の定めるところにより、納税の義務を負ふ。

【生命及び自由の保障と科刑の制約】

第三十一条 何人も、法律の定める手続によらなければ、その生命若しくは自由を奪はれ、又はその他の刑罰を科せられない。

【裁判を受ける権利】

第三十二条 何人も、裁判所において裁判を受ける権利を奪はれない。

【逮捕の制約】

第三十三条 何人も、現行犯として逮捕される場合を除いては、権限を有する司法官憲が発し、且つ理由となつてゐる犯罪を明示する令状によらなければ、逮捕されない。

【抑留及び拘禁の制約】

第三十四条 何人も、理由を直ちに告げられ、且つ、直ちに弁護人に依頼する権利を与へられなければ、抑留又は拘禁されない。
又、何人も、正当な理由がなければ、拘禁されず、要求があれば、その理由は、直ちに本人及びその弁護人の出席する公開の法廷で示されなければならない。

【侵入、捜索及び押収の制約】

第三十五条 何人も、その住居、書類及び所持品について、侵入、捜索及び押収を受けることのない権利は、第三十三条の場合を除いては、正当な理由に基いて発せられ、且つ捜索する場所及び押収する物を明示する令状がなければ、侵されない。
② 捜索又は押収は、権限を有する司法官憲が発する各別の令状により、これを行ふ。

【拷問及び残虐な刑罰の禁止】

第三十六条 公務員による拷問及び残虐な刑罰は、絶対にこれを禁ずる。

【刑事被告人の権利】

第三十七条 すべて刑事事件においては、被告人は、公平な裁判所の迅速な公開裁判を受ける権利を有する。
② 刑事被告人は、すべての証人に対して審問する機会を充分に与へられ、又、公費で自己のために強制的手続により証人を求める権利を有する。
③ 刑事被告人は、いかなる場合にも、資格を有する弁護人を依頼することができる。被告人が自らこれを依頼することができないときは、国でこれを附する。

【自白強要の禁止と自白の証拠能力の限界】

第三十八条 何人も、自己に不利益な供述を強要されない。
② 強制、拷問若しくは脅迫による自白又は不当に長く抑留若しくは拘禁された後の自白は、これを証拠とすることができない。
③ 何人も、自己に不利益な唯一の証拠が本人の自白である場合には、有罪とされ、又は刑罰を科せられない。

【遡及処罰、二重処罰等の禁止】

第三十九条 何人も、実行の時に適法であつた行為又は既に無罪とされた行為については、刑事上の責任を問はれない。又、同一の犯罪について、重ねて刑事上の責任を問はれない。

【刑事補償】

第四十条 何人も、抑留又は拘禁された後、無罪の裁判を受けたときは、法律の定めるところにより、国にその補償を求めることができる。

第四章 国会

【国会の地位】
第四十一条 国会は、国権の最高機関であつて、国の唯一の立法機関である。

【二院制】
第四十二条 国会は、衆議院及び参議院の両議院でこれを構成する。

【両議院の組織】
第四十三条 両議院は、全国民を代表する選挙された議員でこれを組織する。
② 両議院の議員の定数は、法律でこれを定める。

【議員及び選挙人の資格】
第四十四条 両議院の議員及びその選挙人の資格は、法律でこれを定める。但し、人種、信条、性別、社会的身分、門地、教育、財産又は収入によつて差別してはならない。

【衆議院議員の任期】
第四十五条 衆議院議員の任期は、四年とする。但し、衆議院解散の場合には、その期間満了前に終了する。

【参議院議員の任期】
第四十六条 参議院議員の任期は、六年とし、三年ごとに議員の半数を改選する。

【議員の選挙】
第四十七条 選挙区、投票の方法その他両議院の議員の選挙に関する事項は、法律でこれを定める。

【両議院議員相互兼職の禁止】
第四十八条 何人も、同時に両議院の議員たることはできない。

【議員の歳費】
第四十九条 両議院の議員は、法律の定めるところにより、国庫から相当額の歳費を受ける。

【議員の不逮捕特権】
第五十条 両議院の議員は、法律の定める場合を除いては、国会の会期中逮捕されず会期前に逮捕された議員は、その議院の要求があれば、会期中これを釈放しなければならない。

【議員の発言表決の無答責】
第五十一条 両議院の議員は、議院で行つた演説、討論又は表決について、院外で責任を問はれない。

【常会】
第五十二条 国会の常会は、毎年一回これを召集する。

【臨時会】
第五十三条 内閣は、国会の臨時会の召集を決定することができる。いづれかの議院の総議員の四分の一以上の要求があれば、内閣は、その召集を決定しなければならない。

【総選挙、特別会及び緊急集会】
第五十四条 衆議院が解散されたときは、解散の日から四十日以内に、衆議院議員の総選挙を行ひ、その選挙の日から三十日以内に、国会を召集しなければならない。
② 衆議院が解散されたときは、参議院は、同時に閉会となる。但し、内閣は、国に緊急の必要があるときは、参議院の緊急集会を求めることができる。
③ 前項但書の緊急集会において採られた措置は、臨時のものであつて、次の国会開会の後十日以内に、衆議院の同意がない場合には、その効力を失ふ。

【資格争訟】
第五十五条 両議院は、各々その議員の資格に関する争訟を裁判する。但し、議員の議席を失はせるには、出席議員の三分の二以上の多数による議決を必要とする。

【議事の定足数と過半数議決】
第五十六条 両議院は、各々その総議員の三分の一以上の出席がなければ、議事を開き議決することができない。
② 両議院の議事は、この憲法に特別の定のある場合を除いては、出席議員の過半数でこれを決し、可否同数のときは、議長の決するところによる。

【会議の公開と会議録】
第五十七条 両議院の会議は、公開とする。但し、出席議員の三分の二以上の多数で議決したときは、秘密会を開くことができる。
② 両議院は、各々その会議の記録を保存し、秘密会の記録の中で特に秘密を要すると認められるもの以外は、これを公表し、且つ一般に頒布しなければならない。
③ 出席議員の五分の一以上の要求があれば、各議員の表決は、これを会議録に記載しなければならない。

【役員の選任及び議院の自律権】
第五十八条 両議院は、各々その議長その他の役員を選任する。
② 両議院は、各々その会議その他の手続及び内部の規律に関する規則を定め、又、院内の秩序をみだした議員を懲罰することができる。但し、議員を除名するには、出席議員の三分の二以上の多数による議決を必要とする。

【法律の成立】
第五十九条 法律案は、この憲法に特別の定のある場合を除いては、両議院で可決したとき法律となる。
② 衆議院で可決し、参議院でこれと異なつた議決をした法律案は、衆議院で出席議員の三分の二以上の多数で再び可決したときは、法律となる。
③ 前項の規定は、法律の定めるところにより、衆議院が、両議院の協議会を開くことを求めることを妨げない。
④ 参議院が、衆議院の可決した法律案を受け取つた後、国会休会中の期間を除いて六十日以内に、議決しないときは、衆議院は、参議院がその法律案を否決したものとみなすことができる。

【衆議院の予算先議権及び予算の議決】
第六十条 予算は、さきに衆議院に提出しなければならない。
② 予算について、参議院で衆議院と異なつた議決をした場合に、法律の定めるところにより、両議院の協議会を開いても意見が一致しないとき、又は参議院が、衆議院の可決した予算を受け取つた後、国会休会中の期間を除いて三十日以内に、議決しないときは、衆議院の議決を国会の議決とする。

【条約締結の承認】
第六十一条 条約の締結に必要な国会の承認については、前条第二項の規定を準用する。

【議院の国政調査権】
第六十二条 両議院は、各々国政に関する調査を行ひ、これに関して、証人の出頭及び証言並びに記録の提出を要求することができる。

【国務大臣の出席】
第六十三条 内閣総理大臣その他の国務大臣は、両議院の一に議席を有すると有しないとにかかはらず、何時でも議案について発言するため議院に出席することができる。又、答弁又は説明のため出席を求められたときは、出席しなければならない。

【弾劾裁判所】
第六十四条 国会は、罷免の訴追を受けた裁判官を裁判するため、両議院の議員で組織する弾劾裁判所を設ける。
② 弾劾に関する事項は、法律でこれを定める。

第五章 内閣

【行政権の帰属】
第六十五条 行政権は、内閣に属する。

【内閣の組織と責任】
第六十六条 内閣は、法律の定めるところにより、その首長たる内閣総理大臣及びその他の国務大臣でこれを組織する。
② 内閣総理大臣その他の国務大臣は、文民でなければならない。
③ 内閣は、行政権の行使について、国会に対し連帯して責任を負ふ。

【内閣総理大臣の指名】
第六十七条 内閣総理大臣は、国会議員の中から国会の議決で、これを指名する。この指名は、他のすべての案件に先だつて、これを行ふ。
② 衆議院と参議院とが異なつた指名の議決をした場合に、法律の定めるところにより、両議院の協議会を開いても意見が一致しないとき、又は衆議院が指名の議決をした後、国会休会中の期間を除いて十日以内に、参議院が、指名の議決をしないときは、衆議院の議決を国会の議決とする。

【国務大臣の任免】
第六十八条 内閣総理大臣は、国務大臣を任命する。但し、その過半数は、国会議員の中から選ばれなければならない。
② 内閣総理大臣は、任意に国務大臣を罷免することができる。

【不信任決議と解散又は総辞職】
第六十九条 内閣は、衆議院で不信任の決議案を可決し、又は信任の決議案を否決したときは、十日以内に衆議院が解散されない限り、総辞職をしなければならない。

【内閣総理大臣の欠缺又は総選挙施行による総辞職】
第七十条 内閣総理大臣が欠けたとき、又は衆議院議員総選挙の後に初めて国会の召集があつたときは、内閣は、総辞職をしなければならない。

【総辞職後の職務続行】
第七十一条 前二条の場合には、内閣は、あらたに内閣総理大臣が任命されるまで引き続きその職務を行ふ。

【内閣総理大臣の職務権限】
第七十二条 内閣総理大臣は、内閣を代表して議案を国会に提出し、一般国務及び外交関係について国会に報告し、並びに行政各部を指揮監督する。

【内閣の職務権限】
第七十三条 内閣は、他の一般行政事務の外、左の事務を行ふ。
一 法律を誠実に執行し、国務を総理すること。
二 外交関係を処理すること。
三 条約を締結すること。但し、事前に、時宜によつては事後に、国会の承認を経ることを必要とする。
四 法律の定める基準に従ひ、官吏に関する事務を掌理すること。
五 予算を作成して国会に提出すること。
六 この憲法及び法律の規定を実施するために、政令を制定すること。但し、政令には、特にその法律の委任がある場合を除いては、罰則を設けることができない。
七 大赦、特赦、減刑、刑の執行の免除及び復権を決定すること。

【法律及び政令への署名と連署】
第七十四条 法律及び政令には、すべて主任の国務大臣が署名し、内閣総理大臣が連署することを必要とする。

【国務大臣訴追の制約】
第七十五条 国務大臣は、その在任中、内閣総理大臣の同意がなければ、訴追されない。但し、これがため、訴追の権利は、害されない。

第六章 司法

【司法権の機関と裁判官の職務上の独立】
第七十六条 すべて司法権は、最高裁判所及び法律の定めるところにより設置する下級裁判所に属する。
② 特別裁判所は、これを設置することができない。行政機関は、終審として裁判を行ふことができない。
③ すべて裁判官は、その良心に従ひ独立してその職権を行ひ、この憲法及び法律にのみ拘束される。

【最高裁判所の規則制定権】
第七十七条 最高裁判所は、訴訟に関する手続、弁護士、裁判所の内部規律及び司法事務処理に関する事項について、規則を定める権限を有する。
② 検察官は、最高裁判所の定める規則に従はなければならない。
③ 最高裁判所は、下級裁判所に関する規則を定める権限を、下級裁判所に委任することができる。

【裁判官の身分の保障】
第七十八条 裁判官は、裁判により、心身の故障のために職務を執ることができないと決定された場合を除いては、公の弾劾によらなければ罷免されない。裁判官の懲戒処分は、行政機関がこれを行ふことはできない。

【最高裁判所の構成及び裁判官任命の国民審査】
第七十九条 最高裁判所は、その長たる裁判官及び法律の定める員数のその他の裁判官でこれを構成し、その長たる裁判官以外の裁判官は、内閣でこれを任命する。
② 最高裁判所の裁判官の任命は、その任命後初めて行はれる衆議院議員総選挙の際国民の審査に付し、その後十年を経過した後初めて行はれる衆議院議員総選挙の際更に審査に付し、その後も同様とする。
③ 前項の場合において、投票者の多数が裁判官の罷免を可とするときは、その裁判官は、罷免される。
④ 審査に関する事項は、法律でこれを定める。
⑤ 最高裁判所の裁判官は、法律の定める年齢に達した時に退官する。
⑥ 最高裁判所の裁判官は、すべて定期に相当額の報酬を受ける。この報酬は、在任中、これを減額することができない。

【下級裁判所の裁判官】
第八十条 下級裁判所の裁判官は、最高裁判所の指名した者の名簿によつて、内閣でこれを任命する。その裁判官は、任期を十年とし、再任されることができる。但し、法律の定める年齢に達した時には退官する。
② 下級裁判所の裁判官は、すべて定期に相当額の報酬を受ける。この報酬は、在任中、これを減額することができない。

【最高裁判所の法令審査権】
第八十一条 最高裁判所は、一切の法律、命令、規則又は処分が憲法に適合するかしないかを決定する権限を有する終審裁判所である。

【対審及び判決の公開】
第八十二条 裁判の対審及び判決は、公開法廷でこれを行ふ。
② 裁判所が、裁判官の全員一致で、公の秩序又は善良の風俗を害する虞があると決した場合には、対審は、公開しないでこれを行ふことができる。但し、政治犯罪、出版に関する犯罪又はこの憲法第三章で保障する国民の権利が問題となつてゐる事件の対審は、常にこれを公開しなければならない。

第七章 財政

【財政処理の要件】
第八十三条 国の財政を処理する権限は、国会の議決に基いて、これを行使しなければならない。

【課税の要件】
第八十四条 あらたに租税を課し、又は現行の租税を変更するには、法律又は法律の定める条件によることを必要とする。

【国費支出及び債務負担の要件】
第八十五条 国費を支出し、又は国が債務を負担するには、国会の議決に基くことを必要とする。

【予算の作成】
第八十六条 内閣は、毎会計年度の予算を作成し、国会に提出して、その審議を受け議決を経なければならない。

【予備費】
第八十七条 予見し難い予算の不足に充てるため、国会の議決に基いて予備費を設け、内閣の責任でこれを支出することができる。
② すべて予備費の支出については、内閣は、事後に国会の承諾を得なければならない。

【皇室財産及び皇室費用】
第八十八条 すべて皇室財産は、国に属する。すべて皇室の費用は、予算に計上して国会の議決を経なければならない。

【公の財産の用途制限】
第八十九条 公金その他の公の財産は、宗教上の組織若しくは団体の使用、便益若しくは維持のため、又は公の支配に属しない慈善、教育若しくは博愛の事業に対し、これを支出し、又はその利用に供してはならない。

【会計検査】
第九十条 国の収入支出の決算は、すべて毎年会計検査院がこれを検査し、内閣は、次の年度に、その検査報告とともに、これを国会に提出しなければならない。
② 会計検査院の組織及び権限は、法律でこれを定める。

【財政状況の報告】
第九十一条 内閣は、国会及び国民に対し、定期に、少くとも毎年一回、国の財政状況について報告しなければならない。

第八章 地方自治

【地方自治の本旨の確保】
第九十二条 地方公共団体の組織及び運営に関する事項は、地方自治の本旨に基いて、法律でこれを定める。

【地方公共団体の機関】
第九十三条 地方公共団体には、法律の定めるところにより、その議事機関として議会を設置する。
② 地方公共団体の長、その議会の議員及び法律の定めるその他の吏員は、その地方公共団体の住民が、直接これを選挙する。

【地方公共団体の権能】
第九十四条 地方公共団体は、その財産を管理し、事務を処理し、及び行政を執行する権能を有し、法律の範囲内で条例を制定することができる。

【一の地方公共団体のみに適用される特別法】
第九十五条 一の地方公共団体のみに適用される特別法は、法律の定めるところにより、その地方公共団体の住民の投票においてその過半数の同意を得なければ、国会は、これを制定することができない。

第九章 改正

【憲法改正の発議、国民投票及び公布】
第九十六条 この憲法の改正は、各議院の総議員の三分の二以上の賛成で、国会が、これを発議し、国民に提案してその承認を経なければならない。この承認には、特別の国民投票又は国会の定める選挙の際行はれる投票において、その過半数の賛成を必要とする。
② 憲法改正について前項の承認を経たときは、天皇は、国民の名で、この憲法と一体を成すものとして、直ちにこれを公布する。

第十章 最高法規

【基本的人権の由来特質】
第九十七条 この憲法が日本国民に保障する基本的人権は、人類の多年にわたる自由獲得の努力の成果であつて、これらの権利は、過去幾多の試錬に堪へ、現在及び将来の国民に対し、侵すことのできない永久の権利として信託されたものである。

【憲法の最高性と条約及び国際法規の遵守】

第九十八条 この憲法は、国の最高法規であつて、その条規に反する法律、命令、詔勅及び国務に関するその他の行為の全部又は一部は、その効力を有しない。

② 日本国が締結した条約及び確立された国際法規は、これを誠実に遵守することを必要とする。

【憲法尊重擁護の義務】

第九十九条 天皇又は摂政及び国務大臣、国会議員、裁判官その他の公務員は、この憲法を尊重し擁護する義務を負ふ。

第十一章 補足

【施行期日と施行前の準備行為】

第百条 この憲法は、公布の日から起算して六箇月を経過した日［昭二二．五．三］から、これを施行する。

② この憲法を施行するために必要な法律の制定、参議院議員の選挙及び国会召集の手続並びにこの憲法を施行するために必要な準備手続は、前項の期日よりも前に、これを行ふことができる。

【参議院成立前の国会】

第百一条 この憲法施行の際、参議院がまだ成立してゐないときは、その成立するまでの間、衆議院は、国会としての権限を行ふ。

【参議院議員の任期の経過的特例】

第百二条 この憲法による第一期の参議院議員のうち、その半数の者の任期は、これを三年とする。その議員は、法律の定めるところにより、これを定める。

【公務員の地位に関する経過規定】

第百三条 この憲法施行の際現に在職する国務大臣、衆議院議員及び裁判官並びにその他の公務員で、その地位に相応する地位がこの憲法で認められてゐる者は、法律で特別の定をした場合を除いては、この憲法施行のため、当然にはその地位を失ふことはない。但し、この憲法によつて、後任者が選挙又は任命されたときは、当然その地位を失ふ。

あとがき

「日本国憲法」が制定されてから、今年で67年。最近では、「コトバが古くさくて分かりにくい…」だの「言っていることが今の現実にそぐわない…」だのと非難されることが多いようです。この本は、改憲か護憲かのいずれかを問う政治的議論に足を踏み込むものではありません。日本を取り巻く政治情勢が刻々と変化している中で、あらためて「日本国憲法」の中身を見つめ直し、何が書かれているのかをもっと多くの人に知ってもらいたい。そのエッセンスを子供にも分かりやすいコトバで伝えたい。そうした願いのもとに、この『ケンポーじいさん』プロジェクトは始まりました。心から平和を愛する多くのスタッフが結集。四季折々の風景を撮影しながら白熱した議論を何度も交わし、気がつけば完成までに４年の歳月が経っていました。それぞれがプロとしてより高い完成度を求めて一致団結し、『ケンポーじいさん』に命を吹き込みつづけた４年間でした。

『ケンポーじいさん』のコトバに深く耳を傾けてみれば、人が人として生きていく上での大切な心構えが聞こえてきます。日本人が、古《いにしえ》より大切にしてきた「和」の心を聞き取ることができます。ただただ、この国がもう二度と戦争によって焦土と化すことがないように願う心の叫びが響いてきます。どうか、皆さんも『ケンポーじいさん』を自分のおじいさんのように大切にしてください。『ケンポーじいさん』が長生きできる国は、きっと、みんなが平和に長生きできる国になるでしょうから。

ケンポーじいさん、ながいきしてね。

写真：坂田栄一郎　文：野澤友宏　アートディレクション：村松秀俊　デザイン：宮野康枝　美術：御堂誠二、由規乃、晴勢

撮影アシスタント：葛西亜理沙・MOCCI・大澤あい ― 坂田みつ豆　翻訳：渕上ルカ　編集：石田和男

ケンポーじいさん、ながいきしてね。

2013年5月15日 初版第1刷発行
著　者：Kiitos
写　真：坂田栄一郎
発行者：井田洋二
発行所：駿河台出版社
〒101-0062 東京都千代田区神田駿河台3-7
電　話：03-3291-1676（代）
FAX：03-3291-1675
振替東京　00190-3-56669
http://www.e-surugadai.com
製版・印刷所：株式会社フォレスト

万一落丁乱丁の場合はお取り替えいたします。
ISBN978-4-411-04025-1 C0032 ¥1900E